strumenti

Lidia Beduschi

FARE POESIA

Manualetto di metrica italiana

Youcanprint *Self-Publishing*

Titolo | Fare poesia...Manualetto di metrica italiana

Autore | Lidia Beduschi

ISBN | 978-88-91148-61-2

Youcanprint Self-Publishing

Via Roma, 73 – 73039 Tricase (LE) – Italy

www.youcanprint.it

info@youcanprint.it

Facebook: facebook.com/youcanprint.it

Twitter: twitter.com/youcanprintit

Indice

Introduzione

La Poesia

Qualche tempo fa, durante un ciclo di lezioni sul metodo di studio della lingua e della letteratura italiana, mi trovai a cercare per i frequentanti del corso, molti di loro appassionati scrittori di poesie, un manualetto di metrica da "raccomandare" nel momento in cui si fossero messi a lavorare alla stesura della loro creazione poetica. Invano. Non trovai nulla da proporre, e dunque decisi di scriverlo io, il manualetto che non c'è o comunque che non è facile trovare in commercio.

Spero sia utile e piacevole. La metrica puo' apparire un argomento ostico e arido a fronte della creatività, dell'immediatezza della poesia: non è così, lo scoprirono già le mie allieve e miei allievi di scuola e università, di corsi e lezioni; sono certa che lo stesso accadrà alle poetesse e ai poeti che la incontreranno ora.

Buona lettura e soprattutto buona pratica!

Le funzioni della lingua e la funzione poetica

Come sicuramente molti di voi sapranno, la parola italiana *poesia* deriva dal greco classico *poièo (verbo)* che significa "fare, creare", e più strettamente da *pòiesis (sostantivo)* che significa "produzione, creazione, arte poetica, poesia". La poesia è dunque "creazione fatta di parole": richiede "ispirazione" certo, ma anche arte, cioè "artigianato". Occorre una "cassetta degli strumenti". Vediamo di aprirla subito e tiriamone fuori le **funzioni della lingua.** Certo la lingua serve per comunicare, i tipi di comunicazione sono diversi a seconda del *servizio* che richiediamo alla lingua quando la usiamo. Possiamo *parlare soprattutto di noi, dei nostri stati d'animo,* e perciò avremo la **funzione emotiva** in primo piano. Possiamo anche *dare ordini, esortare, pregare,* attraverso la **funzione conativa** (dal latino

7

conor, conaris, conatus sum, conari che significa "costringere").
Possiamo assicurarci che la comunicazione funzioni, quando ad
esempio diciamo al telefono "pronto" oppure in un dialogo "Mi
capisci? Chiaro?": stiamo usando la **funzione fàtica** (dal latino
for, faris, fatus sum, fari che significa "dire, parlare"). Per lo più
usiamo la lingua per *dare informazioni,* per cui la funzione più
frequente (quella che è comunque presente in ogni messaggio,
testo) è la **funzione referenziale o informativa.** A volte usiamo
la lingua per *parlare della lingua,* ad esempio quando diciamo *"il*
è articolo determinativo maschile singolare", la funzione che
denomina questo uso si chiama **funzione metalinguistica** (*metà*
è una preposizione greca che significa tra l'altro "per mezzo"). E
certo, a volte, e capita proprio a tutti, in tutti i paesi del mondo,
in tutte le epoche della storia, sia che lo si faccia scrivendo sia
che lo si faccia oralmente, usiamo la lingua per qualcosa di
straordinariamente umano: fare poesia, creare con la parola
mondi nuovi; e qui, quando tutta la nostra attenzione si
concentra sulla forma che stiamo cercando di dare ai nostri
pensieri, alle nostre emozioni, prende il sopravvento la **funzione
poetica** (dal greco *poièo, pòiesis* che significano, come abbiamo
già ricordato, "fare, creare", "produzione", "creazione", "arte
poetica").

La lingua della poesia: le trame sonore
La funzione poetica ci conduce a prestare la massima attenzione
ai suoni della lingua, cerchiamo *corrispondenze, richiami nelle
consonanti, nelle vocali, nella posizione degli accenti.* Vediamo
qualche esempio:
partiamo con la prima terzina dell'*Inferno* di Dante (1265 –
1321) ed evidenziamo le *corrispondenze, i richiami tra le nasali
(n,m) e le liquide (l,r)* che corrono sia *in orizzontale* dentro uno
stesso verso, sia *in verticale* dentro la terzina. Potete ricercare
anche le *corrispondenze delle dentali (d, sonora, t, sorda), della*

sibilante (s), delle vocali (e, o, a, i; u isolata e in posizione non marcata dal punto di vista ritmico):

Nel mezzo del cammin di nostra vita
mi ritrovai per una selva oscura
che la diritta via era smarrita

Vediamo ora il primo verso della lirica *L'Infinito* di Giacomo Leopardi (1798 – 1837) e con un piccolo, banale espediente, il cambio dell'ordine delle parole, sottolineiamo l'importanza degli *accenti ritmici*:

Sempre caro mi fù // quest'èrmo colle

(il verso è un *endecasillabo a maiore* formato da un *settenario tronco* dopo il quale c'è una forte *cesura*, e da un *quinario piano*)

Lo trasformiamo in:

Quest'èrmo colle mi fù sempre caro

Le parole sono esattamente le stesse, e credo non ci sia alcun bisogno che insista per evidenziare che cosa è accaduto nella nostra percezione della "poeticità" , "semplicemente" cambiando il posto dei termini usati dall'autore.

La lingua della poesia: le parole
La nostra lingua, nata solo in epoca recente come lingua nazionale (è la prima guerra mondiale che vede la nascita del cosiddetto "italiano popolare unitario"), che convive con i *dialetti* che rimangono ancora oggi per molti italiani l'unica lingua davvero usata con competenza piena, offre una grande ricchezza lessicale e il poeta si puo' "muovere" per così dire tra

sinonimi di diversa origine, tra parole consuete e parole dotte, ricercate, di stretta derivazione latina o greca, o addirittura puo' formare *neologismi*, parole cioè coniate dall'autore a partire da forme presenti e usate comunemente, come, per fare un solo esempio, *ploia*, "pioggia", neologismo dantesco. Fare poesia dunque vuol dire anche essere consapevoli della scelta delle parole che si *decide* di usare nel componimento cui si lavora. Ecco un brevissimo saggio tratto da una poesia di Eugenio Montale (1896 – 1981) dalla raccolta *Le occasioni*:

Non recidere forbice quel *volto*
solo nella memoria che si sfolla
non far del gran suo *viso* in ascolto
la mia nebbia di sempre.

Nel primo verso Montale usa *volto*, una parola letteraria, elevata, "il volto della Madonna", "dipinto con volto di donna"; nel terzo verso *volto* cambia in *viso* che è già più usuale, "quella ragazza ha un bel viso", e non ancora della parlata quotidiana, "vado a lavarmi la faccia". E' importante perciò che il poeta conosca a fondo *lo strumento* che impiega per creare la sua opera, così come il falegname, il fabbro, il medico, lo scultore, ecc. devono conoscere *il loro mestiere*. Così come non penseremmo mai (anzi ce ne preoccuperemmo!) che un falegname, e ancor più un medico debbano e possano affidarsi *solo* alla loro *ispirazione creativa*, la stessa cosa vale per il poeta e più in generale per lo scrittore.

L'attenzione alle parole, propria della **funzione poetica**, richiede un lungo e faticoso lavoro di ricerca e di riscrittura del componimento poetico: la poesia non esce dalla penna (o dalla tastiera) *di getto*, già pronta nella sua forma definitiva. La sentiamo dentro, spesso anzi si forma aggrovigliata intorno ad un primo *suono*, ad un'immagine che le parole si sforzano di dipingere, vi dobbiamo tornare a fare opera di *rifinitura*. A volte a distanza di tempo, di anni persino, capita che un componimento, rimasto particolarmente importante per il poeta, venga profondamente mutato, come accade a *Fratelli* di Giuseppe Ungaretti (1888 – 1970), dalla raccolta *L'allegria*. Vediamone le due versioni rispettivamente del 1916 la prima, e l'ultima, quella definitiva, del 1943:

Fratelli

Di che reggimento siete
fratelli?
Fratello
tremante parola
nella notte
come una fogliolina
appena nata
Fratelli
saluto
accorato
nell'aria spasimante
implorazione sussurrata
di soccorso
all'uomo presente alla sua fragilità   *(1916)*

Fratelli

Di che reggimento siete
fratelli?
Parola tremante
nella notte
Foglia appena nata

Nell'aria spasimante
involontaria rivolta
dell'uomo presente alla sua
fragilità
Fratelli *(1943)*

La trasformazione operata dalla riscrittura è importante: non
cambiano il pensiero e il sentimento da cui è stata generata,
cambia profondamente la forma, che diviene più asciutta, più
semplice e nello stesso tempo, scolpita, con il potente richiamo
della parola tematica "fratelli" nel titolo, al secondo e all'ultimo
verso, in cui appare isolata "non detta" come nella prima
occorrenza, ma "assoluta", incisa quasi su una lapide.

Le figure retoriche

La poesia usa frequentemente **figure retoriche** che servono per
dare più forza, più espressività alle costruzioni, alle immagini, ai
discorsi, modificandoli spesso profondamente, allontanandoli
dal linguaggio quotidiano. Le vediamo ora e ne diamo una breve
definizione seguita da esempi tratti dalla nostra letteratura.

La **metafora** è un paragone sintetizzato in cui il secondo
termine assume importanza primaria, quando non
addirittura non annulla completamente il primo: " Bosco
cappuccio/ ha un declivio/ di velluto verde/ come una dolce/
poltrona/". (G.Ungaretti*).* La poesia si apre con una metafora
e si chiude con un paragone: "bosco *cappuccio*" sta al posto
di un'espressione che possiamo tradurre pressappoco così:
"questo *bosco* in cui mi sento riparato e protetto è *come un
cappuccio*".

La **sinestesia** (dal greco *syn* "insieme, con" e "aisthànomai",
"percepire con i sensi"*)* unisce parole che fanno riferimento
a sensi diversi, ad esempio uditive/visive, sonore/tattili/,
olfattive/sonore, ecc.: "E come potevamo noi cantare/ (...)

12

all'*urlo nero/* della madre che andava incontro al figlio/ crocifisso sul palo del telegrafo? /" (Salvatore Quasimodo 1901 – 1968) . L'espressione *"urlo nero"* fonde insieme una parola che esprime una sensazione uditiva, con un'altra che si riferisce invece ad una sensazione visiva: il risultato della **sinestesia** è molto forte proprio perché rimanda, condensandole, ad una sequenza di immagini, sensazioni, segni, come il nero del lutto, che esprimono il dolore, la disperazione, e rinviano ai *"pianti della Vergine sotto la Croce"* della nostra tradizione popolare.

La **sinéddoche** consiste nella sostituzione di una parola, o, più spesso, di un'espressione, con altre che possono avere un significato più ampio o meno ampio. Vediamone un uso importante nel sonetto di Ugo Foscolo (1778 – 1827) *"In morte del fratello Giovanni"* che riportiamo per intero:

Un dì, s'io non andrò sempre fuggendo
di *gente in gente,* mi vedrai seduto
su la tua pietra, o fratel mio, gemendo
il fior de' tuoi gentili anni caduto.
La madre or sol, suo dì tardo traendo,
parla di me col tuo cenere muto.
Ma io deluse a voi le *palme* tendo;
e se da lunge i miei *tetti* saluto,

sento gli avversi Numi, e le secrete
cure che al viver tuo furon tempesta,
e prego anch'io nel tuo porto quiete.

Questo di tanta speme oggi mi resta!
Straniere genti, l'ossa mia rendete
allora al *petto* della madre mesta.

13

Le espressioni *"di gente in gente"*, al posto di "viaggiando in paesi e popoli diversi" (tra l'altro le parole rifanno il *multas per gentes"* del carme di Catullo dedicato al fratello, cui il sonetto di Foscolo si ispira esplicitamente), *"palme"*, al posto di "rivolgo a voi, madre e fratello, i miei pensieri, i miei affetti, desideroso di esservi vicino e nello stesso tempo deluso di non poterlo fare", *"tetti"*, al posto di "patria, terra natale", *"petto"*, al posto di "restituite le mie ossa, il mio corpo, a mia madre che lo abbraccerà stringendolo al petto", sono altrettante **sinéddochi.**

L'**allitterazione** consiste, e l'abbiamo già trattata come la più usuale delle figure retoriche del testo in versi, della poesia, quando abbiamo parlato di "trame sonore", nella ripetizione degli stessi suoni in modo da creare un'onda sonora che scorre lungo tutto il componimento poetico. Vediamone ancora un altro esempio nella terzina di una ballata di Francesco Petrarca (1304 – 1374) che vi canta le bellezze di Laura:

Quel foco *ch'i' pen*sai *che* fosse *spento*
*da*l *freddo* tempo e da l'età men *fresca,*
fiamma e martìr ne l'anima rin*fresca.*

Abbiamo evidenziato in corsivo alcune **allitterazioni,** ma in realtà i tre versi sono tutto un rincorrersi di suoni: *s, n, m, "spento/tempo", "freddo/fresca/rinfresca",* ed altre ancora, tanto che non c'è praticamente parola nei tre endecasillabi che non si trovi legata dall'eco con una o più altre.

Il **chiasmo**, che prende il nome dalla lettera dell'alfabeto greco X (leggi *chi* aspirata), consiste nella disposizione incrociata di espressioni, parole, legate tra loro dentro il verso o nell'intero testo della poesia. Permettetemi di usare come esempio un mio breve componimento *"Primavera"* che è intenzionalmente costruito sulla funzione "straniante" dal punto di vista semantico, della figura retorica del **chiasmo** nella prima strofa:

Pesci *nell'aria*
nuvole **guizzi**
di squame *limpide.*
Cielo sui prati
Sono un profeta
del legno
Docile fiaba
rinverde
la riva del lago

Tradotti in prosa, i primi tre versi vorrebbero: "pesci, guizzi di squame", "nell'aria, nuvole limpide; "limpide" si lega nel significato sia alle "nuvole" sia alle "squame" dei pesci che saltano fuori dall'acqua, non nominata esplicitamente, ma presente in tutto il testo.

L'**ipérbato** (voce dotta, come le altre che abbiamo riportato, di derivazione greca, significa "trasposizione") è una figura retorica che riguarda ancora la disposizione delle parole che si discosta da quella usuale del discorso in prosa. Di fatto il **chiasmo** è una variante particolare dell'**iperbato**, tanto frequente in poesia da esserne quasi il "marchio" specifico. Vediamone un esempio ancora dalla raccolta *"Alle fronde dei salici"* di Salvatore Quasimodo:

Alle fonde dei salici, per voto,
anche le nostre cetre erano appese,
oscillavano lievi al triste vento

La disposizione sintatticamente usuale delle parole in prosa sarebbe: *"Anche le nostre cetre erano appese per voto alle fronde dei salici (e) oscillavano al triste vento"*.

L'**enjambement** (parola francese da *jambe*, "gamba") è quella figura retorica che propone la continuazione dell'immagine finale di un verso in quello successivo. Per esemplificare questa figura retorica molto usata anche dai poeti moderni e contemporanei, riportiamo per intero il componimento in versi sciolti *"Ulisse"* di Umberto Saba (1883 – 1957):

Nella mia giovinezza ho navigato
lungo le coste dalmate. *Isolotti*
a fior d'onda emergevano, ove *raro*
un uccello sostava intento a prede,
coperti d'alghe, scivolosi, al sole,
belli come smeraldi. Quando *l'alta*
marea e la notte li annullava, *vele*
sottovento sbandavano più al largo,
per fuggirne l'insidia. Oggi il mio regno
è quella terra di nessuno. Il porto
accende ad altri i suoi lumi; me al largo
sospinge ancora il non domato spirito
e della vita il doloroso amore.

Nella poesia, del 1947, in chiusura della raccolta *"Mediterraneo"* confluita per intero nella terza edizione del *"Canzoniere"* (Torino, Einaudi, 1948), Saba affida all'**enjambement** la novità ritmica dei versi sciolti in cui le trame sonore delle poche e volutamente nascoste **allitterazioni** si appoggiano in prevalenza sulle sibilanti (*"s"* di *"isolotti"*, *"sostava"*, *"scivolosi"*, *"sole"*, *"smeraldi"*, *"sottovento"*, *"sbandavano"*, *"insidia"*, *"nesssuno"*, *"suoi"*, *"sospinge"*, *"spirito"*, *"doloroso"*).

L'**eufemismo** consiste nella sostituzione di una parola o una espressione pesante, dura, con una più gentile, più accettabile. Non è molto usata in poesia. Moltissimo invece nel linguaggio pubblicitario, che utilizza abbondantemente la *funzione poetica*. Invece di dire esplicitamente *"taglie per persone robuste, grasse, sovrappeso"*, usa l'**eufemismo** *"taglie forti"*.

La **perifrasi** è apparentata con l'**eufemismo** in molti casi: anche la **perifrasi** sostituisce infatti una parola con una espressione che la spiega in modo più gentile; è usata spesso nella lingua quotidiana, pensiamo ad esempio all'uso che si fa di *"male incurabile"* per non dire *"cancro"*. La **perifrasi** è la base delle definizioni del vocabolario.

L'**ossìmoro** consiste nell'accostamento di due parole dal significato contrastante. Non è molto frequente in poesia, mentre è molto usato nel linguaggio pubblicitario che, come abbiamo appena detto, fa largo uso della *funzione poetica*, attirando l'attenzione del potenziale consumatore sulla forma del messaggio, per favorire la memorizzazione del testo. Così si pubblicizza la *"forza delicata"* di un detersivo, ad esempio.

L'**anàfora** e l'**epìfora** consistono, rispettivamente, nella ripetizione di una o più parole *iniziali* o *finali* di verso o frase. Esempio famoso di **anafora** la ripetizione di *"piove"* ne *"La pioggia nel pineto"* di Gabriele D'Annunzio (1863 – 1938):

Piove
dalle nuvole sparse.

Piove su le tamerici salmastre ed arse,
piove su i pini

...

L'**anacoluto** consiste nell'iniziare un testo, un periodo, con un tipo di costruzione sintattica, per poi abbandonarla per un'altra di carattere diverso. Molto frequente nel linguaggio parlato, dove non sempre ci preoccupiamo di mantenere la coerenza sintattica, quando è usato in letteratura (più spesso in prosa che in poesia) gli **anacoluti** sono intenzionali, voluti, a volte per dare spontaneità e vivacità all'espressione. Famoso il "*Io, speriamo che me la cavo*".

L'**asìndeto** e il **polisìndeto** consistono, rispettivamente, nella unione di una frase con l'altra attraverso la *virgola* o la congiunzione "*e*" (costruzione paradigmatica), e nella ripetizione di questo tipo di costruzione con finalità retoriche. Esempi si trovano sia in poesia sia in prosa ed ancora più frequenti nel linguaggio parlato dove la sintassi è semplificata senza finalità retoriche.

L'**onomatopéa** non è specifica della poesia, poiché è molto frequente nella stessa formazione delle parole: un esempio noto e diffuso in molte lingue è il nome del "*tuono*" che è appunto **onomatopéico** in italiano, in inglese "*thunder*", in latino "*tonìtrus*".
L'**onomatopéa** è stata usata da Giovanni Pascoli (1855 – 1912) per dare espressione alla sua poetica del "*fanciullino*" e al simbolismo dei suoni. Ne vediamo un esempio paradigmatico riguardo all'attenzione al suono della parola, nel componimento "*L'assiuolo*" che chiude ogni strofa con l'**onomatopéa** "*chiù*" che rifà il verso del chiurlo. Lo riportiamo per intero:

Dov'era la luna? Ché il cielo
notava in un'alba di perla,
ed ergersi il mandorlo e il melo
parevano a meglio vederla.
Venivano soffi di lampi
da nero di nubi laggiù;
veniva una voce dai campi:
chiù...

Le stelle lucevano rare
tra mezzo alla nebbia di latte:
sentivo il cullare del mare,
sentivo un *fru fru* tra le fratte;
sentivo nel cuore un sussulto,
com'eco d'un grido che fu.
Sonava lontano il singulto:
chiù...

Su tutte le lucide vette
tremava un sospiro di vento:
squassavano le cavallette
finissimi sistri d'argento
(*tintinni* a invisibili porte
che forse non s'aprono più?...);
e c'era quel pianto di morte...
chiù...

Appunti di metrica

Il verso e gli accenti ritmici

Il verso è costituito da un insieme di parole legate dal **ritmo**, cioè dal ricorso, a intervalli determinati dalla natura di ciascun verso, di particolari accenti (*accenti ritmici*), più forti in poesia degli accenti normali delle parole (*accenti tonici*) e degli accenti sintattici delle frasi (*accenti sintattici*). Facciamo un esempio:

Nel mèzzo del cammìn / di nòstra vìta

Nell'endecasillabo che apre la *"Commedia"* gli *accenti ritmici principali* cadono sulla *seconda, sesta* e *decima* sillaba, con un *accento ritmico secondario di ottava*, una *cesura* / che chiude il *settenario tronco*. Vediamo ora gli *accenti ritmici* del secondo verso, sempre un *endecasillabo*:

mi ritrovài / per una sèlva oscùra

In questo secondo verso gli *accenti ritmici primari* sono di *quarta* e *decima*, con un *accento secondario* di *ottava*, e una *cesura* dopo il *quinario piano*.

Il **verso** è, come avete sicuramente compreso dai due esempi appena visti, composto da un certo numero di sillabe. Nella metrica classica italiana distinguiamo i seguenti tipi di **verso:**

trisillabo:	verso breve di tre sillabe
quadrisillabo:	verso breve di quattro sillabe
quinario:	verso breve di cinque sillabe
senario:	verso breve di sei sillabe
settenario:	verso breve di sette sillabe
ottonario:	verso lungo di otto sillabe

novenario:	verso lungo di nove sillabe
decasillabo:	verso lungo di dieci sillabe
endecasillabo:	verso lungo di undici sillabe

Esistono anche versi cosiddetti *doppi*, come il **dodecasillabo** che è un **senario doppio** e il **doppio settenario.**

Le sillabe dei versi vanno contate a partire dalla fine del verso, e il nome di ciascun verso si riferisce sempre al *verso piano*, cioè al verso che finisce con una *parola piana* che ha l'accento tonico sulla *penultima* sillaba. Rivediamo un momento il primo verso della *"Commedia"*: abbiamo detto che è un *endecasillabo* formato da un *settenario tronco* che finisce infatti con la parola *"cammìn"* con l'accento tonico (che qui corrisponde all'accento ritmico) sull'*ultima* sillaba; se contiamo le sillabe all'indietro a partire da *cammìn* vedremo che di fatto le sillabe sono sei, seguite dalla cesura, mentre sono cinque quelle del *quinario piano* che completa il verso con la parola *vita* piana; le sillabe totali di questo *endecasillabo piano* sono undici.

Per contare le sillabe di un verso occorre però conoscere anche certe regole che modificano il conteggio che parte dalla fine del verso stesso. Vediamole con i rispettivi esempi:

la **sinaléfe** consiste nella pronuncia unita in una sola sillaba della vocale finale di una parola e della vocale iniziale della parola seguente. Vediamone un esempio in *"Marzo 1821"* di Alessandro Manzoni (1785 – 1873):

   Soffermati sull'arida sponda,
volti i guardi al varcato Ticino,
tutti assorti nel nuovo destino,
certi in cor dell'antica virtù,

han giurato: - Non fia che quest'onda
scorra più tra due rive straniere:
non fia loco ove sorgan barriere
tra l'Italia e l'Italia, mai più! –

L'ode è composta di *decasillabi*, versi lunghi di dieci sillabe; il primo verso ha effettivamente dieci sillabe, ma se guardiamo il secondo vediamo che ne ha dodici, e il terzo undici. Ma nei due versi apparentemente "sbagliati", interviene la **sinalefe** a ricondurli alla misura del decasillabo:

vol/t*i i*/ guar/d*i al*/ var/ca/to/ Ti/ci/no
tut/t*i as*/sor/ti/ nel/ nuo/vo/ de/sti/no

la **sinalefe**, che abbiamo evidenziato con il corsivo, interviene due volte nel secondo verso ed una volta nel terzo a riportare *metricamente* al *decasillabo* quelli che sembravano un dodecasillabo e un endecasillabo.

La **dialéfe** è la regola opposta alla precedente, si ha infatti quando vengono pronunciate separatamente due vocali che vicine, una finale di parola, l'altra iniziale, andrebbero pronunciate unite. Vediamo un esempio dal *"Purgatorio"*, VIII, 14:

Che/ fe/ce me/ *a* me/ *u*/ scir/ di/ mente

nell'*endecasillabo* dantesco la **dialefe** interviene due volte, come vedete dalla evidenziazione in corsivo.

La **sinéresi** è la pronuncia unita, in un'unica sillaba, di due vocali interne di parola, che in altri casi possono essere pronunciate separatamente. Vediamo un esempio dalle *"Stanze per la Giostra di Giuliano de' Medici"* di Angelo Poliziano (1454-1494), ottava rima in *endecasillabi*:

or/ *fea*/ ron/zar/ per/ l'*aer*/ un/ len/to/ dar/do

nell'*endecasillabo* della IX ottava della prima *stanza*, la **sinéresi** due volte, come evidenziato, *unisce in una sola sillaba vocali interne di parola che in altri casi possono venire pronunciate* separatamente.

La **diéresi** è l'opposto della sinéresi, consiste cioè nella pronuncia separata, in due sillabe distinte, di due vocali unite all'interno della stessa parola. Spesso la **diéresi** è segnalata da due puntini soprascritti alla prima vocale. Sempre dallo stesso componimento, vediamo un esempio di **diéresi** nel primo verso della prima ottava:

Le/ glo/ri/o/se/ pom/pe e'/ fie/ri/ lu/di

Nell'*endecasillabo* la **diéresi** interviene a separare in due sillabe distinte la *i* e la *o* di *gloriose*, mentre la **sinalefe** unisce la *e* finale di *pompe* con la congiunzione *e'* successiva che vede pure l'elisione dell'articolo *i* maschile plurale.

NOTA BENE: si dice **piana** (o parossìtona) la parola che ha l'accento tonico sulla penultima sillaba; si dice **sdrùcciola** (o proparossìtona) la parola che ha l'accento tonico sulla terzultima sillaba; si dice **tronca** (o ossìtona) la parola che ha l'accento tonico sull'ultima sillaba.

Abbiamo visto che il **verso** è un insieme di parole legate dal ritmo, abbiamo anche visto che nella tradizione letteraria italiana la poesia ha usato (e in parte usa ancora) **versi brevi** e **versi lunghi** (i primi dal **trinario** al **settenario**, i secondi dall'**ottonario** in su), con una netta predilezione per l'**endecasillabo**, che è uno dei versi più vari e adattabili della nostra poesia. Ora vedremo quali sono, per ciascun tipo di **verso**, le sillabe su cui cadono *con più frequenza* (poiché non si escludono altre varianti) gli **accenti ritmici**.

Il **trisillabo o trinario** ha l'accento sulla seconda sillaba:

    Odi? La pioggia cade
su la solitaria
verdùra

"verdùra" è un **trisillabo** (da *"La pioggia nel pineto"* di Gabriele D'Annunzio). E' verso raramente usato da solo, ricorre invece come componente di versi lunghi come l'endecasillabo con rima interna.

Il **quadrisillabo** ha l'accento principale sulla terza sillaba ed uno secondario che puo' cadere sulla prima o sulla seconda sillaba. Ne vediamo due esempi da Giacomo da Lentini, poeta del XIII secolo:

sòno prìso

quadrisillabo con accenti di prima e di terza

e cònquìso

quadrisillabo con accenti di seconda e terza.

Anche il **quadrisillabo** è raramente usato da solo, si accompagna a versi più lunghi.

Il **quinario** ha l'accento principale sulla quarta sillaba e uno secondario che puo' cadere o sulla prima o sulla seconda sillaba. Vediamo la prima strofa di un sonetto minimo o quinario, composto cioè di tutti versi quinari di Anonimo del XV secolo:

àlma gentìle
nòbile e dègna,
che n'è chi règna
sì signorìle

il primo verso ha accenti di quarta e di prima; il secondo verso, che contiene una sinalefe, ancora di quarta e prima; il terzo verso ha accenti di quarta e seconda; il quarto ritorna agli accenti di quarta e prima. Il quinario con il settenario entra nella composizione dell'endecasillabo.

Il **senario** ha l'accento principale sulla quinta sillaba e accenti secondari che possono cadere sulla prima, sulla seconda o sulla terza sillaba. Vediamo la prima strofa di un componimento di versi **senari** e **novenari** di Giacomo da Lentini del XIII secolo:

Dal còre mi véne
che gli occhi mi tene   rosata:
spèsso m'adivéne
che la cera ho bene   bagnata
quàndo mi sovéne
di mia bona spene   c'ho data
in vòi, amoròsa
benavénturòsa

il primo verso ha accenti di seconda e di quinta; il terzo verso ha accenti di prima e di quinta come il quinto; il penultimo di seconda e di quinta; l'ultimo, composto di una sola parola, di terza e quinta.

Il **settenario** ha l'accento fisso sulla sesta sillaba ed un altro mobile su una delle prime quattro. Vediamo un esempio di un sonetto settenario (composto cioè di soli versi settenari) di Gidino di Sommacampagna del XIV secolo:

Cupìdo, dio d'amòre,
cum l'auròra sagìta
fece gràve ferìta
a Fébo nel suo còre.

Fébo per quello orròre
dal ciél fece partìta,
e vènne in questa vìta,
e diventò pastòre.

Poscia ch'el fù conténto,
dispuòse il pastoràle
e diventò sparviéro.

Poi per conténtaménto
dimìse le sue àle
e fecese liòn fiéro

Il primo verso ha accenti di seconda e sesta; il secondo e il terzo verso di terza e sesta; il quarto ritorna di seconda e sesta; il quinto verso, con sinalefe, ha accenti di prima e sesta; il sesto e il settimo hanno accenti di seconda e sesta; l'ottavo rompe lo schema con accenti di quarta e sesta, che ritornano nel nono, nell'undicesimo, nel dodicesimo e nel quattordicesimo; il decimo verso, con sinalefe, ha accenti di seconda e sesta, come il tredicesimo dove compare una sineresi.

L'**ottonario** è un doppio quadrisillabo con accenti sulla terza e sulla settima sillaba, con una cesura dopo la quarta sillaba. Molto usato fino alla fine del Quattrocento, vediamo un esempio notissimo di Lorenzo de' Medici (1449-1492):

Quant' è bèlla / giovinézza

L'**ottonario** della famosa *Canzone di Bacco* più nota col titolo *Trionfo di Bacco e Arianna* del 1490 (nella raccolta dei *Canti carnascialeschi*) ha la cesura dopo la quarta sillaba, ed individua perciò precisamente i due **quadrisillabi** che lo compongono.

Il **novenario** ha accento principale sulla ottava sillaba e accenti secondari sulla seconda e quinta sillaba (**novenario dattilico**, spiegheremo tra poco che cosa significa di preciso, quando parleremo dell' andamento ritmico). In questa forma è continuato nella poesia moderna. Nella poesia antica invece sono più frequenti le altre varietà, cioè il **novenario trocaico** con accenti principali sulla terza e sull'ottava sillaba, secondari sulla prima o seconda e quinta o sesta sillaba; il **novenario giàmbico** con accenti principali sulla quarta e ottava sillaba, secondari sulla prima o seconda e sulla sesta o settima sillaba. Vediamo un esempio di **novenari dattilici** che alternano con **novenari trocaici** in coppie di due versi ne *Il gelsomino notturno* di Giovanni Pascoli, che riportiamo per intero, chiedendovi questa volta di individuare sia gli accenti principali e secondari (seguendo le indicazioni date qui nel paragrafo), sia le regole che modificano il conteggio delle sillabe, che abbiamo visto più sopra:

E s'aprono i fiori notturni,
nell'ora che penso ai miei cari.
Sono apparse in mezzo ai viburni
le farfalle crepuscolari.

Da un pezzo si tacquero i gridi:
là sola una casa bisbiglia.
Sotto l'ali dormono i nidi,
come gli occhi sotto le ciglia.

Dai calici aperti si esala
l'odore di fragole rosse.
Splende un lume là nella sala.
Nasce l'erba sopra le fosse.

Un'ape tardiva sussurra,
trovando già prese le celle.
La Chioccetta per l'aia azzurra
và col suo pigolio di stelle.

Per tutta la notte s'esala,
l'odore che passa col vento.
Passa il lume su per la scala;
brilla al primo piano: s'è spento...

E' l'alba: si chiudono i petali
un poco gualciti; si cova,
dentro l'urna molle e segreta,
non so che felicità nuova.

Facciamo notare come l'alternanza dei **novenari dattilici** e dei **novenari trocaici** determini una oscillazione del ritmo che contribuisce in modo determinante alla suggestione della notissima lirica.

Il **decasillabo** ha accento principale sulla nona sillaba e accenti secondari variabili sulla terza e sesta sillaba (**decasillabo dattilico**), o sulla terza e settima sillaba (**decasillabo trocaico**). Vediamo un esempio del primo tipo nel primo verso di *Marzo 1821* di Alessandro Manzoni:

Soffermàti sull'àrida spònda

Aggiungiamo un esempio del secondo tipo dal componimento *Per la morte di Napoleone Eugenio* (1879) di Giosue Carducci (1835 – 1907):

fiera tènde su 'l selvàggio màre

gli accenti, come abbiamo evidenziato, cadono in questo **decasillabo trocaico** sulla terza, settima e nona sillaba. Questo componimento fa parte della raccolta delle *Odi barbare* in cui Carducci tentò di realizzare nel metro accentuativo moderno la metrica quantitativa (alternanza di misure lunghe e misure brevi) dei classici latini e greci.

L'**endecasìllabo** è il verso più usato nella nostra tradizione letteraria che attraversa tutta, dalle sue origini fino alla poesia contemporanea. La sua storia è complessa perché è legata indissolubilmente con la nascita della lirica italica di derivazione francese. Verso lungo, è composto da un settenario più un quinario (si dice allora *a maiore*) o da un quinario più un settenario (si dice allora *a minore*). La posizione dei suoi accenti principali è legata alla misura dei due versi che lo compongono (detti *emistichi*): di sesta e decima quando comincia con il settenario; di quarta e decima quando comincia con il quinario. Vediamo due esempi di **endecasillabo** *a maiore* e di **endecasillabo** *a minore* nei primi due versi della *Commedia*:

Nel mezzo del cammìn / di nostra vìta

gli accenti secondari cadono qui sulla seconda e ottava sillaba
con cesura semisettenaria;

mi ritrovài / per una selva oscùra

gli accenti secondari cadono qui sulla quarta e ottava sillaba con
cesura semiquinaria.

Le varietà formali dell'**endecasillabo**, dipendenti dagli accenti,
sono 48; salgono a 87 con le varietà dipendenti dalla
combinazione degli emistichi e dalle sedi che puo' prendere la
cesura, a 261 se si tiene conto della mobilità delle uscite, dato
che, come in tutti i versi, possono essere piane, tronche o
sdrucciole.

Non ci resta ora che da chiarire, visto che ne abbiamo parlato
nel corso della spiegazione dei vari versi, che cosa si intende per
dattilico, trocaico, giambico. I tre termini si riferiscono
all'**andamento ritmico** determinato dalla successione degli
accenti e dalla qualità delle parole su cui cadono che possono
essere **piane, sdrucciole o tronche.** La combinazione degli
accenti ritmici e l'alternanza di parole piane e sdrucciole (in
particolare all'uscita del verso) determinano un **andamento
ritmico discendente;** la combinazione degli accenti ritmici e la
presenza di parole tronche determinano un **andamento ritmico
ascendente.**

La rima.
I componimenti in versi della nostra tradizione letteraria sono di
frequente caratterizzati, oltre che dai fenomeni che abbiamo
visto sin qui, anche dalla **rima**. Possiamo dire anzi che la

presenza della **rima** è la norma nella poesia antica, permane nella poesia moderna, e viene pressoché abbandonata nella poesia contemporanea. Si chiama **rima la perfetta uguaglianza di suono della parte finale di due o più parole dall'accento tonico in poi** (lam**é**nti/torm**é**nti, gìglio/fìglio, càntano/vàntano, cant**ò**/vant**ò**).

Le rime possono essere:

baciate se ricorrono in versi consecutivi come nella quartina seguente di Matteo Maria Boiardo (1441- 1494)
schema: A – A

Arte de Amore e forze di Natura
non fur comprese e viste in mortale **velo**
tutte già mai, da poi che terra e **cielo**
ornati fur di luce e di verdura

alterne quando il primo verso rima con il terzo e il secondo con il quarto come nell'esempio della strofa di Guido Cavalcanti (1255 c. – 1300)
schema: A-B-A-B

Cavelli avea biondetti e **ricciutelli**
e gli occhi pien' d'amor, cera **rosata:**
con la sua verghetta pasturav'**agnelli;**
discalza, di rugiada era **bagnata:**
...

incrociate quando il primo verso rima con il quarto verso, ed il secondo con il terzo, come nell'esempio della quartina di Francesco Petrarca schema: A-B-B-A

S'i' 'l dissi mai, chi' vegna in odio a quella
del cui amor vivo e senza 'l qual morrei;
s'i' 'l dissi, ch' 'e miei dì sian pochi e rei,
s'i' 'l dissi, contra me s'arme ogni stella

ripetute quando il primo verso rima con il quarto verso, il
secondo con il quinto, il terzo con il sesto, come nell'esempio
nella sestina di Lapo Gianni, XIII secolo:
schema: A-B-C-A-B-C

Sì come i Magi a guida de la stella
girono invér le parti d'oriénte
per adorar lo Segnore ch'era nato
così mi guidò Amore a veder quella
che 'l giorno amando prese nuovamente
ond'ogni gentil cor fu salutato

invertite quando le rime si ripetono come nella sestina
precedente, ma nell'ordine inverso come nell'esempio da Guido
Cavalcanti
schema: ABC – CBA

Non si porìa contar la sua piagénza,
ch'a le' s'inchina ogni gentil vertute,
e la beltate per sua dea la mostra.

Non fu sì alta già la mente nostra
e non si pose 'n noi tanta salute
che propriamente n'avìan canoscenza.

L'inversione delle rime puo' anche presentare altri schemi diversi: ABC – BAC, oppure ABC-ACB.

Incatenate quando, in una serie di versi presi a gruppi di tre (terzina), il primo verso della prima terzina rima con il terzo verso; il secondo della prima terzina rima con il primo della seconda terzina e così via a catena per tutte le terzine. E' questo lo schema metrico della *Commedia* di Dante
schema: ABA- BCB-CDC-D...

...
Quando m'apparve una montagna, bruna
per la distanza, e parvemi alta tanto,
quanto veduta non n'avea alcuna.

Noi ci allegrammo, e tosto tornò in pianto;
ché dalla nuova terra un turbo nacque
e percosse del legno il primo canto.

Tre volte il fé girar con tutte l'acque;
alla quarta levar la poppa in suso,
e la prora ire in giù, com'altrui piacque

infin che il mar fu sopra noi richiuso

Abbiamo visto gli schemi più consueti. Ne esistono molti altri, anche più complessi. Negli schemi delle rime si segnano con lettere maiuscole (A, B,) i versi lunghi (dall'ottonario in su), con lettere minuscole (a, b,) i versi brevi (dal settenario in giù).
Le rime non sono sempre presenti nei componimenti in versi, anzi i poeti del Novecento le hanno evitate di proposito. Quando in una poesia composta in **versi** della tradizione letteraria (quelli che abbiamo illustrato), legati dal numero delle sillabe e dagli

accenti ritmici, mancano le rime, diciamo che essa è composta in **versi sciolti**. Torniamo all'*Infinito* di Giacomo Leopardi

Sempre caro mi fu quest'ermo colle,
e questa siepe che da tanta parte
dell'ultimo orizzonte il guardo esclude.
Ma sedendo e mirando, interminati
spazi di là da quella, e sovrumani
silenzi, e profondissima quiete
io nel pensier mi fingo; ove per poco
il cor non si spaura (...)

Come potete osservare, nella lirica mancano le rime, ma i versi sono tutti endecasillabi. La poesia contemporanea usa di preferenza i **versi liberi** che non sono più legati non solo dalla rima, ma nemmeno dal numero delle sillabe, da ritmi prestabiliti, da schemi metrici e tipologia di componimenti. Rimangono le trame sonore, la ricerca dell'ordine sintattico, le figure retoriche, la cura nella scelta delle parole.

Le strofe

Nella nostra produzione poetica fino a tutto l'Ottocento, i versi sono riuniti in **strofe** consolidatesi nella tradizione letteraria italiana. Le **strofe regolari** (dal greco *strèfo, strèfein*, che significa, "volgere, girare", *strofè* è la "voltata del coro" nella drammaturgia greca classica) sono composte da un numero fisso di versi ed hanno schemi di rime anch'essi definiti e costanti. In base al numero dei versi distinguiamo:

distico	strofa di due versi
terzina	strofa di tre versi
quartina	strofa di quattro versi
sestina	strofa di sei versi
ottava	strofa di otto versi
nona rima	strofa di nove versi

Prenderemo in considerazione qui le strofe che hanno avuto maggiore importanza nella nostra letteratura, cioè la **terzina,** la **quartina** e l'**ottava.** Quartine e **terzine** entrano nella composizione del **sonetto** che ha avuto una fortuna straordinaria e una lunghissima vita nella letteratura italiana, e non solo.

La **terzina di endecasillabi** è uno degli schemi metrico-ritmici più usati nel genere **allegorico-didascalico** come la *Commedia* di Dante, di cui abbiamo visto alcuni esempi.

L'**ottava di endecasillabi** è caratteristica del genere letterario **epico-cavalleresco.** In **ottava rima** sono composti l'*Orlando furioso* di Ludovico Ariosto (1474-1533) e la *Gerusalemme liberata* di Torquato Tasso (1544-1595). Vediamo un esempio dell'**ottava** ariostesca:

Orlando, che gran tempo innamorato
fu della bella Angelica, e per lei
in India, in Media, in Tartaria lasciato
avea infiniti ed immortal trofei
in Ponente con essa era tornato,
dove sotto i gran monti Pirenei
con la gente di Francia e di Lamagna
re Carlo era attendato alla campagna
(canto I, 5)

L'**ottava** ha sei versi a rima alterna (A-B-A-B-A-B) e gli ultimi due a rima baciata (C-C): proprio questo schema conferisce all'**ottava** ariostesca la leggerezza particolarmente adatta alla narrazione in versi di storie fantastiche, favole, sulle imprese di guerra e d'amore dei cavalieri medievali.

I poeti moderni e contemporanei hanno abbandonato le **strofe regolari**, così come la versificazione tradizionale, preferendo la totale libertà dei *versi liberi*. Ripetiamo comunque che ciò non vuol dire che nella poesia contemporanea si possa fare a meno di regole, poiché le regole si possono sì infrangere, non rispettare, **solo quando però si conoscono**, e il discorso in poesia ha le proprie specificità che lo distinguono in quanto tale dal discorso in prosa.

Tipi di componimenti poetici

Possiamo calcolare in numero di circa ottanta la varietà dei componimenti antichi, che salgono però a qualche centinaio se si tiene conto delle tantissime varianti consentite dai diversi schemi metrico-ritmici (il sonetto ad esempio , ha almeno venti specie). Certi componimenti sono dominanti, tipici, di certe epoche della tradizione letteraria italiana: il Duecento preferisce la **ballata** e il **sonetto**; componimenti originali italiani, la **ballata** appartiene sia alla poesia d'arte sia a quella popolare, il **sonetto** solo alla prima. Il Trecento preferisce la **canzone,** il **capitolo quadernario,** il **capitolo ternario** e il **serventese.** Il Quattrocento è dominato dallo **strambotto.** Il Cinquecento dal **madrigale,** mentre la **villota** copre il Quattro e il Cinquecento. Lunghissima vita, come abbiamo ricordato, ha avuto il **sonetto**, che è l'unico componimento poetico cui dedichiamo una descrizione abbastanza ampia con esempi di epoche diverse.

Il **sonetto** è un componimento metrico-ritmico di origine tutta italiana, proprio della poesia d'arte. Nasce in Sicilia nella prima metà del XIII secolo (*Scuola siciliana*); il nome deriva da *sòno*, "suono", che era propriamente la composizione musicale che accompagnava la recita. Formato di regola da tutti versi endecasillabi, si diffonde dalla nostra in tutte le letterature occidentali. Il tipo più comune di sonetto è costituito da quattro strofe: due quartina (dette *piedi*) legate da rima, e due terzine (dette *volte*) anch'esse in rima. Le quartine possono essere: *a)* a rima alterna ABAB.ABAB; oppure *b)* a rima incrociata ABBA.ABBA. Le terzine possono essere: *a)* a due rime alternate CDC.DCD o incrociate CDC.CDC; oppure *b)* a tre rime replicate CDE.CDE o invertite CDE.EDC (quest'ultima molto poco frequente), ma sono ammesse tutte le combinazioni, tranne quella che non riprenda almeno una delle rime della prima terzina.

Vediamo ora quattro esempi di **sonetti**: il primo di Dante (1265-1321), il secondo di Francesco Petrarca (1304-1374), il terzo di Ugo Foscolo (1778-1827), il quarto di Gabriele D'Annunzio (1865-1938).

Tanto gentile e tanto onesta pare
la donna mia quand'ella altrui saluta,
ch'ogne lingua deven, tremando, muta
e li occhi no l'ardiscon di guardare.

Ella si va, sentendosi laudare
benignamente d'umiltà vestuta
e par che sia una cosa venuta
da cielo in terra a miracol mostrare.

Mostrasi sì piacente a chi la mira
che dà per gli occhi una dolcezza al core
che 'ntender no la puo' chi no la prova.

E par che da le sue labbra si mova
uno spirito soave, pien d'amore,
che va dicendo a l'anima: sospira.

Il sonetto di quattordici versi **endecasillabi**, è composto di due quartine a rime incrociate ABBA.ABBA, e di due terzine a tre rime invertite CDE.EDC, forma piuttosto rara, come abbiamo detto.

Voi ch'ascoltate in rime sparse il suono
di quei sospiri ond'io nutriva 'l core
in sul mio primo giovenile errore,
quand'era in parte altr'uom da quel ch'i' sono,
del vario stile in ch'io piango e ragiono

fra le vane speranze e 'l van dolore,
ove sia chi per prova intenda amore,
spero trovar pietà, non che perdono.

Ma ben veggio or sì come al popol tutto
favola fui gran tempo, onde sovente
di me medesimo meco mi vergogno;

e del mio vaneggiar vergogna è 'l frutto,
e 'l pentersi, e 'l conoscer chiaramente
che quanto piace al mondo è breve sogno.

Sonetto con quartine a rime incrociate ABBA.ABBA e terzine a
tre rime replicate CDE.CDE.

E tu ne' carmi avrai perenne vita,
sponda che Arno saluta in suo cammino,
partendo la città che dal latino
nome accogliea finor l'ombra fuggita.

Già dal tuo ponte all'onda impaurita
il papale furore e il ghibellino
mescean gran sangue, ove oggi al pellegrino
del fiero Vate la magion s'addita.

Per me cara, felice, inclita riva,
ove sovente i piè leggiadri mosse
colei che, vera al portamento Diva,

in me volgea sue luci beate,
mentr'io sentìa dai crin d'oro commosse
spirar ambrosia l'aure innamorate.

Sonetto con quartina a rime incrociate ABBA.ABBA e terzine con una sola rima in comune CDC.EDE.

Tristezza atroce de la carne immonda
quando la fiamma del desio nel gelo
del disgusto si spegne e nessun velo
d'amor l'inerte nudità circonda.

(E tu sorgi ne l'anima profonda,
pura Imagine. Come su lo stelo
esile piega un funebre asfodelo,
su 'l collo inclini la tua testa bionda).

Tristezza immensa de la carne bruta
quando nel petto il cor fievole batte
lontano e solo come in una tomba!

(E tu guardi, tu sempre guardi, o muta
Imagine, tu pura come il latte,
con i tuoi teneri occhi di colomba).

Sonetto con quartine a rime incrociate ABBA.ABBA e terzine a tre rime replicate CDE.CDE.

Per chiudere questa breve introduzione alla metrica italiana, e riprendere ancora una volta il discorso sulla necessità della sua conoscenza anche per i poeti e le poetesse di oggi, quando si accingono a *fare poesia*, riportiamo un componimento del poeta contemporaneo Franco Fortini (1917-1994) *Agli amici,* in *Poesie 1938-1975* della raccolta *Una volta per sempre,* scritta nel 1957 e pubblicata per la prima volta nel 1969

Si fa tardi. Vi vedo, veramente

eguali a me nel vizio di passione,
con i cappotti, le carte, le luci
di salive, i capelli già fragili,
con le parole e gli ammicchi, eccitati

e depressi, sciupati e infanti, rauchi
per la conversazione interrotta,
come scendete questa valle grigia,
come la tramortita erba premete
dove la via si perde ormai e la luce.

Le voci odo lontane come i fili
del tramontano tra le pietre e i cavi...
Ogni parola che mi giunge è addio,
e allento il passo e voi seguo nel cuore,
uno qua, uno là, per la discesa.

Lo schema metrico del componimento è di tre strofe di cinque
endecasillabi senza rime.

Vi suggerisco di "cimentarvi" nella scrittura o riscrittura della
vostra produzione, individuando magari i versi che vi si possono
trovare nascosti, solo che si cambi l'ordine di due parole; di
provare una composizione tutta nuova scegliendo il verso e il
tipo di componimento poetico che preferite. Comunque sempre
di non accontentarvi della prima versione (ma non lo si fa mai!);
di lasciar "sedimentare" la vostra opera per qualche tempo,
prima di pubblicarla, e di rileggerla come se fosse d'*altri*.

Non ho indicazioni bibliografiche articolate da dare qui, se non,
a ricordo del mio primo preesame universitario di letteratura
italiana, il manuale di Raffaele Spongano, *Nozioni ed esempi di
metrica italiana,* Patron, Bologna 1966, da cui ho tratto molti
spunti ed esempi per la parte propriamente riservata alla

metrica. Il resto viene da ricordi e personali *affezioni dell'anima* ovviamente confortate nella memoria da raccolte antologiche varie e pure dal web.

Di seguito, esempi di **componimenti poetici** che abbiamo ricordato, ma non trattato (da R. Spongano, *Notazioni ed esempi,* cit.). Potete esercitarvi a riconoscere:

- I versi e gli schemi metrici;
- Le strofe;
- Le figure retoriche;
- Le trame sonore
- Le parole, in particolare la presenza di parole del linguaggio quotidiano e di parole dotte, l'eventuale presenza di neologismi.

Ballata grande

Guido Cavalcanti
(1255 c. – 1300)

Era in penser d'amor quand'i' trovai
due foresette nove.
L'una cantava : "E' piove
gioco d'amore in noi".

Era la vista lor tanto soave
e tanto queta cortese e umile,
ch'i' dissi lor: "Vo' portate la chiave
di ciascuna vertù alta e gentile.
Deh! forosette, no m'abbiate a vile
per lo colpo ch'io porto;
questo cor mi fue morto,
poi che 'n Tolosa fui".

Elle con gli occhi lor si volser tanto,

che vider come 'l cor era ferito
e come uno spiritel nato di pianto
era per mezzo de lo colpo uscito.
Poi che mi vider così sbigottito,
disse l'una, che rise:
"Guarda come conquise
forza d'amor costui!"

L'altra, pietosa, piena di mercede,
fatta di gioco in figura d'amore,
disse: " 'l tuo colpo, che nel cor si vede,
fu tratto d'occhi di troppo valore,
che dentro vi lasciaro uno splendore
ch'i' nol posso mirare:
dimmi se ricordare
di quegli occhi ti puoi".

Alla dura questione e paurosa
la qual mi fece questa foresetta,
i' dissi: "E' mi ricorda che 'n Tolosa
donna m'apparve, accordellata istretta,
Amor la qual chiamava la Mandetta:
giunse sì presta e forte,
che fin dentro, a la morte,
mi colpir gli occhi suoi".

Molto cortesemente mi rispose
quella che di me prima avea riso.
Disse: "La donna che nel cor ti pose
co la forza d'Amor tutto 'l su' viso,
dentro per gli occhi ti mirò sì fiso,
ch'Amor fece apparire.
Se t'è greve 'l soffrire,
raccomandati a lui".

Vanne a Tolosa, ballatetta mia,
ed entra quietamente a la Dorata,
ed ivi chiama che per cortesia
d'alcuna bella donna sia menata
dinanzi a quella di cui t'ho pregata;
e s'ella ti riceve,
dille con voce leve:
"Per merzé vegno a voi".

La ballata è composta di sette strofe. La prima è detta *ripresa*.
Le successive sono costituite da *stanze* (i primi quattro versi) e
volta (i secondi quattro). La ballata si accompagnava al canto nel
ballo tondo e la *ripresa* veniva cantata in coro dopo ogni *stanza*
intonata dal solista (uomo o donna).

Sonetto retrogrado

Antonio Da Tempo
(1275 c. – 1336)

Molti coltivan persona posssente.
Donando acquista l'uomo sempre amici.
Gradando spesso si trovan felici;
tolti e sgradati cadono perdente.

Involti son d'amici ricca gente;
calando vanno amor povri mendici,
irando fansi piusor inimici;
volti concordi fanno amor lucente.

Natura di vertute si presenta:
censo rifiuta ciascun virtuoso;
figura nuda virtute contenta.

Compenso buon è voler amoroso;
secura caritate Dio talenta;
a censo divin nato è 'l caritoso.

Il sonetto retrogrado è così chiamato perché si puo' leggere anche dall'ultimo verso al primo, e ciascun verso dall'ultima parola alla prima, conservando il senso. Inoltre sia le parole finali, sia quelle iniziali rimano fra loro secondo lo stesso schema metrico. E' in genere composto di sentenze, come questo che riprende massime dal libro di Salomone, da Boezio, dal libro di Cato, da S. Paolo, da Seneca.

Canzone

Francesco Petrarca
(1304 – 1374)

Chiare, fresche e dolci acque
ove le belle membra
pose colei che sola a me par donna,
gentil ramo ove piacque
(con sospir mi rimembra)
a lei di fare al bel fianco colonna,

erba e fior che la gonna
leggiadra ricoperse
co l'angelico seno,
aer sacro sereno,
ove Amor co' begli occhi il cor m'aperse;
date udienza insieme
a le dolenti mie parole estreme.

La canzone (ne riportiamo le prime due stanze) somiglia nella struttura alla ballata, ma manca della *ripresa*. Ha in genere cinque o sette *stanze*. La *stanza* è costituita da una *fronte* di due *piedi* e da una *coda*. Nell'ultima *stanza* detta *commiato* o *congedo* il poeta si rivolge direttamente alla *canzone* per accomiatarla, congedarla. La *canzone* era eseguita da una sola voce. Nella canzone riportata abbiamo dunque: la **fronte** costituita dalla prima *stanza (Chiare/colonna)*, divisa in due **piedi** (primo piede da *Chiare* a *donna*, secondo piede da *gentil* a *colonna*; la **coda** o **sirma** costituita dalla seconda *stanza*, in cui, di norma, il primo verso, che si chiama **diesi**, rima con l'ultimo detto **fronte**. I versi sono generalmente endecasillabi misti a settenari.

Capitolo quadernario

Antonio Pucci
(1310 c. – 1388)

Quella di cui i' son veracemente
in sé ha tutte quante le bellezze
e le piacevolezze
che debbe avere in sé la bella donna.

Grande e diritta è com'una colonna
con signorile e bella contenenza
e la sua appariscenza
veracemente avanza ogni altro fusto.

(...)

dicon ch'ell'è d'ogni beltà corona
e rendon grazie a Dio con mente pura

che creò così bella criatura.

Il capitolo quadernario deriva metricamente dal serventese caudato, che vediamo subito dopo. Servì alla poesia d'amore, evitata dal serventese. Qui ne abbiamo riportato le prime due quartine (delle 28 che compongono la poesia) , di versi endecasillabi e settenari, e la terzina di chiusura. Tralasciamo il **capitolo ternario** o **terza rima** di cui abbiamo visto esempi dalla *Commedia;* la terza rima ha avuto vita lunghissima, è giunta fino alla poesia di Giovanni Pascoli. Vediamo invece un esempio di **serventese caudato** ancora di Antonio Pucci.

Serventese caudato

Antonio Pucci
(1310 c. – 1388)

O Gesù Cristo, che sopra la croce
per noi moristi con pena feroce,
concedi a me che con pietosa voce
i' possa dire

perch'ognun veggio subito morire,
alcuna cosa, innanzi al mio partire,
che sia conforto a chi me starà a udire
e anche a mene.

(...)

I' priego Iddio padre onnipotente,
che morir volle per l'umana gente,
che vera pace e santa lungamente
tra noi spanda.

E s'io ricevo l'ultima vivanda,
prieghi per me chi seguita la banda.
Antonio Pucci vi si raccomanda
al vostro onore.

Scritto in occasione della peste del 1348, in forma di preghiera, conta quaranta strofe con schema metrico AAAb BBBc CCCd., ecc col verso minore (la *coda*) spesso quadrisillabo, anziché quinario.

Strambotto

Anonimo
(sec. XV)

1

Dimmi quanto tu vuoi, crudele, a torto
fammi quanti dispetti che tu sai,
ché d'una sola cosa mi conforto:
che qualche tempo te ne pentirai
e, se non prima, poi che sarò morto,
conosciuto il tuo errore, piangerai,
e 'l spirto mio verrà per suo diporto
a spaventarti spesso ove sarai.

2

E se gli è ver che 'l spirto vada attorno
quando l'alma dal corpo si disferra,
sappi che ti starò sempre dintorno

né mai mi mancherò di farti guerra;
tanto ch'ognor biasimerai quel giorno
che non volesti contentarmi in terra.
Così alcun tempo spero possederti,
viva o morta nelle mani averti.

3

E se gli è ver che l'alma ha a tormentare
in quel medesimo loco ove ha peccato,
io dentro al corpo tuo spero abitare,
po' che per te, crudel, moro dannato;
e con mie proprie man voglio disfare
tuo falso cor ch'a me sì crudo è stato,
finché t'ucciderai per mia vendetta,
ch'ogni peccato alfin giustizia aspetta.

Lo strambotto si prestava facilmente a contenuti satirici o di
invettiva, come nel caso dei tre strambotti, tematicamente
legati in un unico componimento, che abbiamo riportato.

Madrigale

Alesso Di Guido Donati
(sec. XIV)

Di rietro ad un volpon che sen portava
una pollastra bianca,
venìe correndo una forese stanca:

"Piglia la putta fui', piglia" dicendo

tanto piacevolmente
ch'i' preso fui di lei subitamente
E con un fiero veltro ch'avìe meco
mossi gli passi miei,
pigliando insieme lo volpone e lei.

La volpe il pollo, e 'l can la volpe s'abbia;
ch'avendo te, non veggio chi megl'abbia.

Il madrigale, o madriale o anche marigale (da *mare*, madre) è etimologicamente un canto in lingua materna, cioè in volgare e non in latino; prevedeva otto o dieci cantori. Di argomento prevalentemente amoroso, di carattere idillico, bucolico, venne usato anche per la poesia epigrammatica e soltanto nel secolo XVI per la poesia burlesca. Vediamo un altro esempio dai tanti madrigali amorosi, di tradizione d'arte, di Francesco Petrarca.

Francesco Petrarca
(1304 – 1374)

Per ch'al viso d'Amor porteva insegna,
mosse una pellegrina il mio cor vano;
ch'ogni altra mi parea d'onor men degna.

E lei seguendo su per l'erbe verdi,
udii dir alta voce di lontano:
"Ahi quanti passi per la selva perdi!"

Allor mi strinsi a l'ombra d'un bel faggio,
tutto pensoso; e rimirando intorno,
vidi assai periglioso il mio viaggio;
e tornai 'n dietro quasi a mezzo giorno.

Composto intorno al 1337, quando il poeta, a metà circa del suo viaggio mondano, si ritirò a meditare nella solitudine di Valchiusa.

Villota

Anonimo
(sec. XV)

Da l'orto se ne vien la vilanela,
col cesteletto pien di mazorana.
Oh che gentil fasana,
fatta di rose e fiori, adorna e bela!

"Or vela, or vela!"
"La non è quela"
"Scio ben de sì"
"La torò so!"
"Torèla mo!"

Torèla mo, vilan
la puta dal cestel:
la te farà stentar
la te darà martèl!

Varda colà,
co' la se tien!
Dàmela pur,
che la mi vien.

La villota natica è un componimento destinato al canto e alla danza, con musica polifonica eseguita a quattro voci senza accompagnamento di strumenti musicali, che venivano imitati dalle voci stesse. Ha strofe di versi brevi, di contenuto leggero, che procedono per impressioni veloci. Secondo la complessità distinguiamo la villota piccola (quella che abbiamo riportato sopra) e la villota grande, di cui vediamo un esempio lacunoso. Ce ne sono giunte pochissime in originale e accompagnate da notazioni musicali, ma sicuramente ebbero una grandissima fortuna.

Anonimo
(sec XV)

De là de l'acqua sta la mia morosa
e mai veder la posso una sol fiata,
per una mala vecchia disdegnosa,
che la tien sempre in camera serrata.

O vecchia mata,
o rincagnata,
o sciagurata,
o sozza e sporca,
. . . .

o rabbiosa,
o' tu la tien sconta
la mia amorosa?

S'tu vora', s'tu non vora',
l'averò, lei m'averà.

Se veder la potesse una sol volta,
mai l'aspetar non mi rincresceria:
ma questa mala vecchia mi l'ha tolta,
che più non vedo la speranza mia.

O che pazzia,
de sta badìa!
O vecchia ria,
bronza coperta,
ben e' deserta,
o storna e stolta;
oh ch'ella m'alde
e non m'ascolta!

S'tu vora' (*come sopra*)

Oimè, che alcun non ho che me conforta,
poi che sta vecchia tien da me lontana
quella che nel suo petto mio cor porta,
splendente più che in ciel stella Diana!

O vecchia insana,
o ria, villana,
o ruffiana,
o storta e sbiga,
o vecchia striga,
oh fusti morta,
o denti longhi
e bocca storta!

S'tu vorà (*come sopra*).

youcanprint

Finito di stampare nel mese di Dicembre 2015
per conto di Youcanprint *Self - Publishing*

www.ingramcontent.com/pod-product-compliance
Lightning Source LLC
Chambersburg PA
CBHW071935020426
42331CB00010B/2876